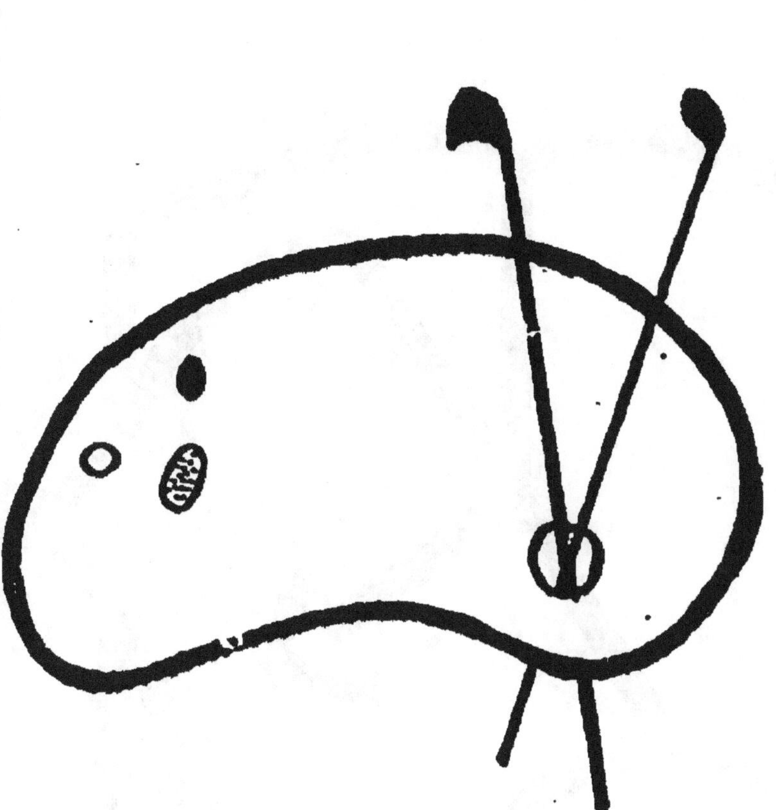

DEBUT D'UNE SERIE DE DOCUMENTS
EN COULEUR

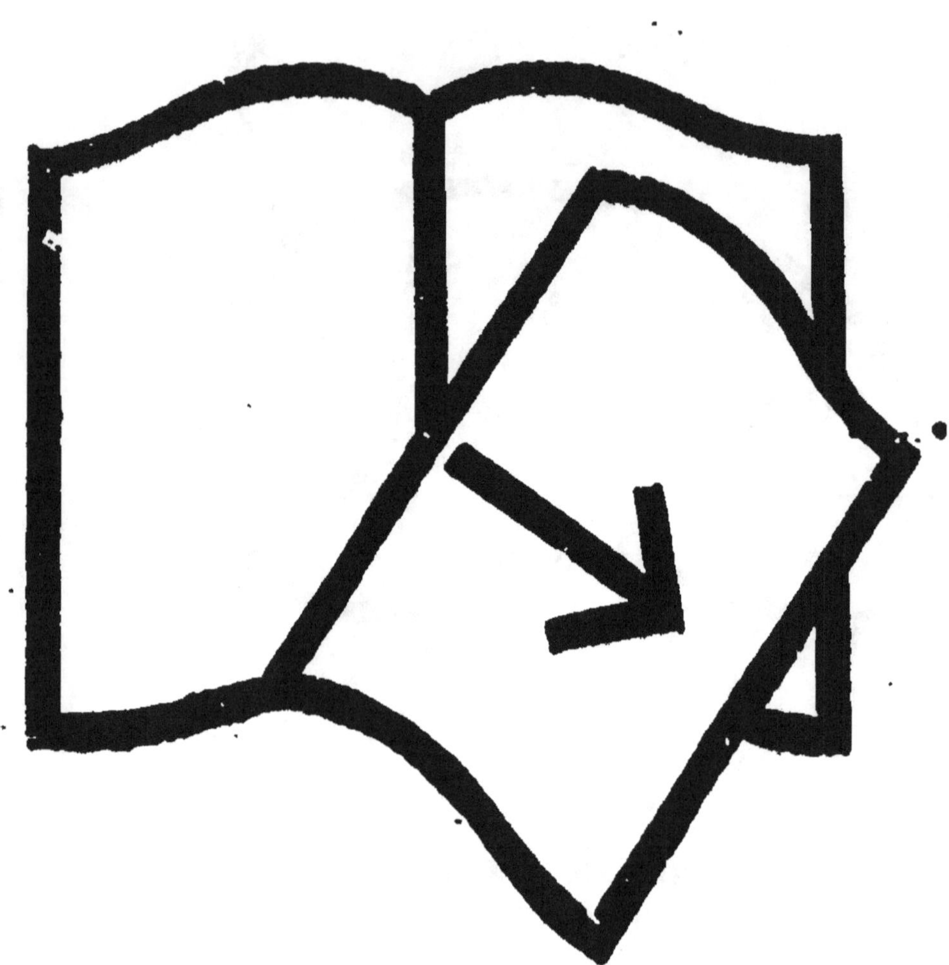

Couverture inférieure manquante

LES
MYSTÈRES ÉGYPTIENS

ET LES

ASSOCIATIONS SECRÈTES

Par Adolphe CATTAUI

PARIS

LIBRAIRIE NOUVELLE

G. WEIL

9, RUE DU HAVRE, 9

1889

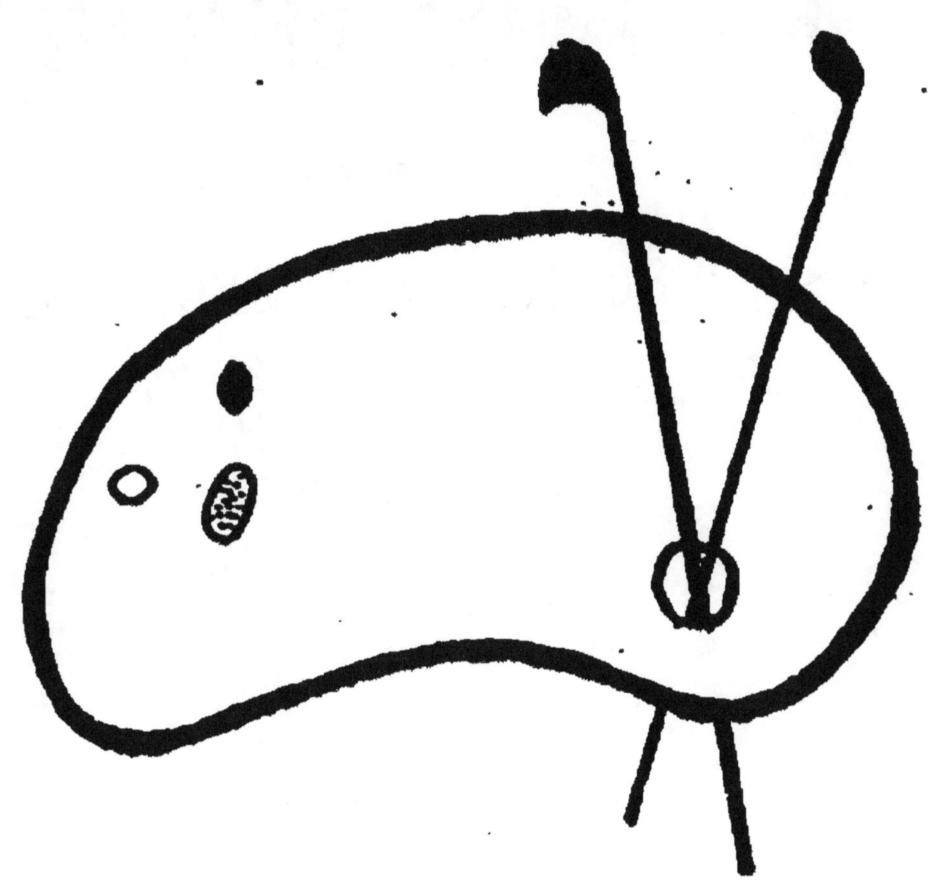

FIN D'UNE SERIE DE DOCUMENTS
EN COULEUR

LES
MYSTÈRES ÉGYPTIENS

ET LES

ASSOCIATIONS SECRÈTES

Par Adolphe CATTAUI

———— ◦ ————

PARIS

LIBRAIRIE NOUVELLE

G. WEIL

9, RUE DU HAVRE, 9

——

1880

LES
MYSTÈRES ÉGYPTIENS

ET LES

ASSOCIATIONS SECRÈTES

De plus habiles ont parlé et écrit sur les Associations secrètes existant de nos jours ; je n'entreprendrai pas cette
tâche longue et difficile ; j'aborderai seulement en peu de
mots la question des origines que l'on assigne aujourd'hui
à l'une de ces sortes d'Associations. Je veux parler des origines égyptiennes attribuées à la Franc-Maçonnerie.

Une tradition ayant joui d'une très grande faveur au
commencement de ce siècle et accréditée encore aujour-
d'hui par de très bons esprits place, en effet, l'origine de la
Franc-Maçonnerie dans les anciens mystères égyptiens.
C'est cette idée que je vais essayer de discuter en exami-
nant si les raisons pour l'admettre sont suffisantes et en
montrant dans la mesure du possible quelles sont les causes
qui ont donné naissance à cette opinion.

L'attention de tous les peuples de l'antiquité et des peuples modernes a été sans cesse attirée vers l'Egypte, ce
pays mystérieux (1), où tout était mystère pour les nations

---

(1) Champollion-Figeac, « Egypte », *Univers.*

étrangères et pour une très grande partie de la population : depuis le Nil dont on ignorait les sources jusqu'aux gigantesques « *pages de pierre* » écrites en caractères hiéroglyphiques s'étalant aux yeux de tous et dont la plupart ignoraient le sens.

Cette attention des peuples de l'antiquité de ceux surtout qui avaient le plus d'aptitudes à une civilisation raffinée comme l'étaient les Grecs, par exemple, cette attention, dis-je, n'a rien qui doive nous étonner quand on songe que l'homme est toujours poussé par un instinct irrésistible vers l'inconnu. Le témoignage unanime de l'antiquité grecque et latine, de même que la tradition juive désignent l'Egypte comme l'un des berceaux de la magie et de l'astrologie constituées à l'état de sciences (1).

Venue de Chaldée, la magie s'est répandue avec une étonnante rapidité en Egypte. Primitivement exploités par la caste sacerdotale dont les membres seuls étaient probablement initiés, les arts occultes tombèrent pour ainsi dire dans le domaine public et prirent une telle proportion que les lois romaines sévirent avec une grande rigueur pour mettre un terme à des abus révoltants (2).

Des arts occultes à l'idée d'associations secrètes, il n'y a qu'un pas. Mais nous estimons qu'il ne fut pas franchi en Egypte. Aucun document, en effet, ne nous révèle l'existence d'associations secrètes proprement dites dans la vallée du Nil. Et certainement, s'il y en eût eu, les nombreux documents gnostiques que possèdent les musées de Leyde ou du Louvre y auraient fait allusion.

Cependant, les imaginations fécondes des historiens grecs et romains se sont donné libre cours sur cette question, comme les historiens et les auteurs du moyen âge sur toutes les questions de sorcellerie (3). Tous se sont

(1) Lenormant, *la Magie chez les Chaldéens et les Origines arcadiennes*, 1874.
(2) Voir au *Digeste* plusieurs textes relatifs à cette question.
(3) Voir Boguet, *Discours des sorciers* ; Del Rio, *Histoire critique de l'Inquisition d'Espagne*; Lambert-Daneau, *Traité touchant les sorciers*, etc., etc.

laissé entraîner aux mêmes exagérations, tous sont tombés dans les mêmes erreurs.

Ce n'est donc qu'avec une très grande circonspection que nous devons recueillir des témoignages que l'état actuel de la science ne nous permet pas de contrôler.

Sur la question qui nous occupe, nous n'aurons donc rien à leur demander et nous négligerons tout ce qu'ils nous rapportent sur les mystères égyptiens jusqu'à ce que les monuments nous révèlent l'existence des mystères (1) sur la terre des Pharaons.

Il semble vraiment étonnant de voir que des savants, qui ont pu frayer pendant de longues années avec les prêtres et les scribes, gens influents et très instruits, que des savants qui avaient toute facilité pour apprendre par eux-mêmes nous transmettent tant d'erreurs et si peu de lumière sur l'Egypte de leur époque. Mais ce fait s'explique lorsque l'on considère avec quel soin jaloux les prêtres tenaient à conserver leurs connaissances et se gardaient bien d'initier à leurs sciences et à leur religion les étrangers, qui jouissaient d'ailleurs d'une très grande défaveur aux yeux de la population. Ce soin qu'ils mettaient à cacher leurs sciences et leurs doctrines devait certainement faire naître l'idée de mystère dans l'esprit de ces étrangers avides de s'instruire et de tout savoir.

D'ailleurs, bien des choses devaient contribuer à faire croître cette idée : Le temple, par exemple, qui, d'après les idées modernes, est un endroit commun à tous les fidèles, n'était accessible, à partir d'une certaine limite (2), qu'au roi et aux prêtres (3). « Celui qui pénètre dans le temple, dit le scribe d'Edfou, pénètre dans le ciel ».

L'Egyptien avait parfaitement compris que l'homme est plus facilement porté à vénérer et à se laisser conduire par

---

(1) Mystère, dans le sens grec du mot.
(2) Le peuple n'entrait que dans la cour du temple.
(3) Voir *Revue Internationale de l'Enseignement*, 15 juillet 1887, un intéressant article du marquis de Rochemonteix sur le Temple égyptien.

tout ce qui s'enveloppait d'un voile mystérieux et impéné-
trable. Et nous pourrions dire ici que déjà dans les temps
les plus reculés on reconnaissait cette vérité qu' « il n'y a
pas de grand homme pour son valet de chambre. »

Les prêtres avaient un caractère mystérieux que leur
science et leur instruction augmentaient encore en leur
permettant de comprendre et de connaître ce qui était
lettre morte pour le vulgaire ; ce caractère, leur donnait un
très grand ascendant sur le peuple. Aussi n'hésitait-on pas
à leur confier les affaires les plus importantes de l'Etat,
telles que l'administration de la justice et la tenue des re-
gistres de l'état-civil.

J'ai parlé de mystères et je n'ai pas défini ce mot.

Si on lui donne son acception vulgaire, si l'on entend
par là quelque chose qui doit être tenue secrète, un ensemble
de doctrines ou de pratiques que connaissent seuls les
initiés et qui ne pourraient être dévoilées sans impiété,
certes, nous ne pouvons pas affirmer qu'il y en eût chez
les Égyptiens.

Si, au contraire, nous lui donnons le sens d'institution
religieuse dont le but était l'initiation à la connaissance
de certains principes religieux, à des notions théologiques
plus élevées que celles de la religion populaire, les Égyptiens ont eu des mystères, mais il faut alors donner à ce
mot un sens tout particulier.

Ces mystères n'exigeaient d'autre initiation qu'une bonne
instruction et un apprentissage de quelque durée ; ils
étaient donc accessibles à toute personne instruite, à toute
personne capable de lire et de comprendre des livres que
l'on était à même de se procurer.

En Grèce, malgré le caractère secret des mystères, il exis-
tait, il est vrai, des livres où se trouvaient consignés l'ordre
et le rituel des cérémonies, mais la lecture de ces livres
n'était permise qu'aux seuls initiés et probablement à eux
seuls, elle était accessible.

Les mystères égyptiens étaient consignés dans les livres
ou sur les murs des temples. Le Livre des Morts nous en

parle à chaque instant, et tous ceux qui savaient lire pou-
vaient les connaître.

Mais tout le monde ne savait pas lire, et déjà à une époque assez éloignée de nous, en dehors des prêtres et des
scribes, qui constituaient la classe intelligente, et celle des
fonctionnaires, il était donné à peu de personnes de lire
cette écriture compliquée des hiéroglyphes. Un assez grand
nombre de lettres familières du plus haut intérêt et plusieurs autres documents nous en donnent des preuves (1).

« On s'était longtemps imaginé, dit M. Chabas (2), que
l'écriture hiéroglyphique n'avait été employée que pour les
mystères de la doctrine ; on a même exprimé naguère
l'idée que si les Égyptiens s'en sont servi pour les sciences,
c'est que chez ce peuple, les sciences avaient une corrélation intime avec la religion. Ces opinions sont absolument
inexactes. »

Tous les systèmes graphiques égyptiens (hiéroglyphes,
hiératique, démotique) ont été applicables à tous les besoins d'un peuple civilisé, aussi bien aux besoins du culte
qu'aux moindres détails de la vie privée et des relations
quotidiennes des hommes entre eux (3).

Si aucun document égyptien, parmi les milliers qui ont
été traduits jusqu'ici, ne nous révèle d'une façon certaine
l'existence de mystères dans l'ancienne Égypte, si tous les
dogmes, toutes les doctrines religieuses, tous les mystères
dans le sens chrétien du mot, sont consignés dans des

---

(1) *Le Style épistolaire chez les anciens Égyptiens.* Maspero, Paris,
Vieweg, 1872.

(2) Chabas, *Mélanges Égyptologiques*, 3ᵉ série, vol II, p. 27.

(3) Nous voyons dans le *Roman de Setna* (Papyrus de Boulaq, traduit et
commenté par M. E. Revillout. Paris, Leroux, 1877), un jeune homme nommé
Ptahneferka s'amuse à lire les inscriptions qui se trouvaient sur son passage,
en suivant une procession ; probablement par jactance, pour étaler aux yeux
de tous sa science. Et peut-être est-ce parce qu'il savait l're qu'il est qualifié
scribe excellent et grand savant. (*Roman de Setna*, p. 12-28.) Cependant,
jusqu'au septième siècle, on sut déchiffrer les hiéroglyphes, et s'il faut en
croire un manuscrit arabe de la Bibliothèque nationale, écrit au quinzième
siècle, il se serait trouvé un moine qui, au neuvième siècle. déchiffra un papyrus relatif aux Pyramides. (Bibl. Nat., 585, Mss arabes,)

livres et répandus sur le territoire, il faut nier l'existence des associations secrètes dans la vallée du Nil.

Recherchons s'il en était de même en Grèce et à Rome où nous allons tâcher de retrouver la trace de ce que nous appelons les *mystères égyptiens* c'est-à-dire des associations secrètes formées autour de divinités égyptiennes.

A l'époque où Alexandrie devint une cité grecque, les relations entre l'Egypte et la Grèce devinrent plus fréquentes et les idées grecques, en pénétrant sur la terre des Pharaons tendaient à subir l'influence des idées égyptiennes. Le système religieux des deux peuples s'y prêtait admirablement : la base des deux religions, c'était la Nature dans ses diverses manifestations.

La loi athénienne était très sévère à l'égard des cultes étrangers et sa rigueur était telle que la peine de mort était appliquée à quiconque oserait introduire dans la cité des divinités étrangères sans une autorisation expresse. Et l'histoire nous fournit plusieurs exemples de l'application de ce principe rigoureux.

Les relations commerciales d'Athènes obligèrent le législateur à donner, d'une façon un peu large, aux étrangers qui avaient des comptoirs sur le sol athénien, l'autorisation d'élever des sanctuaires à leurs divinités.

Ce fut vers le milieu du quatrième siècle avant Jésus-Christ que les Égyptiens suivirent l'exemple et obtinrent d'élever un temple à Isis.

C'est ainsi que nous verrons le culte de cette divinité se répandre petit à petit en Grèce. Mais les dieux ne changent pas de patrie sans subir quelques transformations.

Le culte d'Isis va se modifier considérablement, et nous le retrouvons en Grèce, en Italie et même en Gaule, n'ayant plus d'égyptien que le nom.

Une foule de légendes se forment alors et des associations nombreuses s'organisent, qui deviennent secrètes. Purement religieuses au début, ces associations ne tardèrent pas à prendre un caractère moitié religieux et moitié civil.

Les isiaques, c'est ainsi que s'appelaient leurs membres, ont dû se soumettre de tout temps, chez les Grecs, à la surveillance jalouse des magistrats, regrettant peut-être de voir se développer rapidement une puissance dangereuse. Et c'est ce qui, je crois, a dû singulièrement contribuer à exagérer le caractère profondément mystique de ces collèges et donner une physionomie tout à fait mystérieuse au culte auquel ils se vouaient.

Le simple examen des personnes qui composaient le sacerdoce suffira à nous montrer combien ces associations ont dû être puissantes.

En tête se trouvait le prophète, procédant aux initiations des néophytes, ayant la haute main sur tous les isiaques, consultant sans cesse la déesse qui parlait par sa bouche (1).

Immédiatement au-dessous du prophète venaient les prêtres qui le remplaçaient souvent dans ses fonctions d'initiateur, puis les stolistes ou habilleurs, les scribes, les chanteurs, les joueurs de flûte, de tympanon, de harpe. Au-dessous venaient les diacres, les portiers, les hiérophores ou porteurs d'images, les cistophores portant la ciste qui contient les symboles mystérieux, les canéphores qui portaient les corbeilles sacrées. Puis, une foule de serviteurs auxquels on abandonnait les gros travaux. Enfin, les membres du collège qui ne faisaient pas partie du sacerdoce, et ils furent aussi nombreux.

Les personnes riches, les grandes dames, les femmes surtout, veulent s'affilier à ces associations qu'elles préfèrent aux autres du même genre (2). En Grèce, comme à Rome, les isiaques augmentent rapidement leur nombre et l'association ne tarda pas à perdre à Rome son caractère religieux. Les empereurs romains s'aperçurent du danger, et les mêmes raisons qui avaient poussé les Grecs à prohiber l'in-

---

(1) Voir Apulée, *Métamorphoses*, LXI.

(2) Les auteurs citent un très grand nombre d'associations secrètes en Grèce et à Rome.

troduction d'un culte étranger en Grèce, déterminèrent Agrippa à prendre une mesure énergique. Vers l'an 733 de Rome, cet empereur ne se fit aucun scrupule de bannir le culte d'Isis de l'empire entier.

Le trouble était porté jusque dans le sein des familles ; pendant tout le temps que duraient ces solennités, les dames devaient avoir « un sommeil de veuves » loin de leurs maris. « Isis, n'as-tu pas assez de l'Egypte et de ses enfants basanés (1) ? s'écrie Properce avec amertume. « Ah ? crois-moi, ou Jupiter te repoussera des cornes, ou, barbare que tu es, nous te chasserons de notre ville. »

Properce exprimait ainsi l'opinion de ses contemporains sur les isiaques que les auteurs latins : Tibulle, Ovide, Suétone, Tacite, Martial, Juvénal, nous montrent comme des êtres à part dont l'aspect seul suffit à exciter la curiosité : Les Isiaques ont un costume spécial et sont complètement rasés, ce qui les fait appeler par Martial, *linigeri calvi.*

Indépendamment de leur aspect extérieur, ils devaient se reconnaître au moyen de certains signes. Un lien intime les unissait entre eux et les séparait des profanes, voilà ce qui les rendait dangereux. Une curieuse inscription de Pompéi nous les montre présentant un candidat aux élections municipales.

« Tous les isiaques demandent Cn. Helvius Salvinus comme édile. » Nous comprenons fort bien que la mesure prise par Agrippa n'était pas inutile.

Nous avons peu de renseignements sur ce qui se passait dans les associations isiaques. Apulée cependant nous en parle et nous donne quelques détails sur les initiations successives que l'on y faisait subir.

Mais nous ne pouvons insister sur ce point ni prendre trop à la lettre ce que nous rapporte ce fantaisiste. Tout au plus pouvons-nous relever ce détail curieux.

« Ecoutez et croyez, car ce que je dis est vrai », dit l'initié

---

(1) *Elégie* XXXIII, livre II,

Lucius. « J'ai touché aux portes du trépas ; mon pied s'e
posé sur le pied de Proserpine. Au retour, j'ai traver
tous les éléments (1). »

Les éléments jouaient donc un certain rôle dans les in
tiations anciennes. Mais il n'y faut pas attacher une tro
grande importance, car cette intervention des éléments d
vait être commune à toutes les initiations chez tous le
peuples qui ont eu des mystères, à cause peut-être
l'idée que les anciens se faisaient de la vie.

L'initié entrait dans une vie nouvelle et alors, par un
conséquence bien logique, les *Symboles de la vie* s'imp
saient à toute cérémonie d'initiation.

Cette idée de vie nouvelle dans laquelle entrait l'init
nous est clairement énoncée par Apulée, qui nous dit a
livre XI de sa *Métamorphose :* « L'initiation était une sor
de mort volontaire avec une vie nouvelle en expectative.

L'association d'idées qui se présente à l'esprit est faci
à comprendre. Les anciens voyaient dans la vie un rappo
entre l'homme et le monde extérieur, et, dans ce rappor
l'un des éléments, l'homme, avait à soutenir une lutte cont
nuelle, une lutte de chaque instant contre ce qui n'éta
pas lui-même ; la lutte de l'être contre le non-être. Et l
preuve, c'est que nous voyons les Égyptiens, qui croyaient
l'immortalité de l'âme, poussant la logique jusqu'au bou
admettre que si l'âme vivait au delà de la mort elle avait
lutter, à lutter sans cesse, parce que l'idée de lutte contre l
monde extérieur et l'idée de vie étaient pour eux intime
ment liées. La corrélation était certaine et ils se refusaie
à voir dans la vie autre chose qu'une force opposée à un
autre force.

Si je ne craignais de m'étendre trop longuement, je citera
à l'appui de ce que je viens de dire, plusieurs passages d'u
curieux document du musée de Leyde et dans lequel e
exposé en détail et sous formes de dialogue entre un pe
chacal et une chatte Éthiopienne, le struggle for life d

____

(1) Apulée, liv. XI.

Darwin. La vie y est définie, une lutte de l'être contre le monde extérieur, lutte dont il faut toujours être vainqueur.

Voilà à peu près tout ce que nous apprennent les anciens sur ces associations secrètes, et je crois avoir démontré que ce caractère secret leur a été donné en Grèce et à Rome et qu'il n'a jamais existé en Egypte (1).

Il est donc bien inexact de vouloir faire remonter, comme on le fait, l'origine des associations secrètes modernes à l'ancienne Egypte. Cette idée a d'ailleurs été déjà savamment combattue par M. Guieysse dans une savante conférence. M. Guieysse fait surtout remarquer que loin de trouver en Egypte des mystères dans le sens grec du mot, on constate que toutes les croyances et tous les principes de la religion sont exposés aux yeux de tous et répandus dans toute la nation.

On chercherait donc en vain dans les documents égyptiens proprement dits des données sérieuses sur les mystères et sur l'origine de la Franc-Maçonnerie.

« Tout ce que l'on peut dire, a dit en terminant M. Guieysse, c'est que la Franc-Maçonnerie, comme l'ancienne Egypte, d'après ce que nous apprend le Livre des Morts sur le jugement de l'âme dans la salle de la Justice et de la Vérité, avaient un but commun inscrit dans leurs symboles, et mieux encore, dans leurs doctrines : l'Amour et la recherche de la Vérité. »

Quelles sont donc les raisons qui ont donné à cette institution cette origine égyptienne ? Ce qui, je crois, a le plus contribué à introduire en France cette idée, ce sont d'abord les dénominations égyptiennes que l'on donnait volontiers à tout ce qui échappait aux sens, dans l'art de la sorcellerie, de la magie et du magnétisme, parce que, comme nous l'avons dit, l'Egypte fut le berceau de ces sciences occultes.

---

(1) Au livre II de sa *Métamorphose*, Apulée nous parle des mystères de Coptos et des arcanes de Memphis. Inutile de dire que c'est là pure fantaisie. Inutile aussi de citer les nombreux passages des auteurs grecs et romains qui font allusion aux soi-disant mystères égyptiens.

A l'époque où Mesmer attirait en foule les curieux au
de sa chaîne magnétique, « l'Europe était inondée de v
« pires, nous dit un anonyme italien (1), de sylphes, de
« vulsionnaires, de magnétistes, de cabalistes ». A c
même époque, Cagliostro prétendait avoir découver
qu'il appelait « le système de la Maçonnerie égyptienn

Egrenant partout des discours qu'il se plaisait à
dre obscurs par le mysticisme profond dont il les
preignait, il fonde partout des loges qu'il nomme « ég
tiennes », à Paris, à Lyon, à Saint-Pétersbourg, en
magne, en Angleterre.

« Un grand nombre de ses sectateurs (nous dit le m
anonyme italien) restèrent enivrés de ces discours et
apprirent ; souvent ils n'y comprenaient rien, et ils s'im
nèrent qu'il avait parlé non physiquement mais mor
ment ; c'est-à-dire avec mystère et d'une façon énig
tique (2). »   (Anonyme italien.)

Cet homme, qui avait su acquérir une telle influence
les esprits de son temps, grâce à son *système* soi-dis
égyptien, qui avait su frapper étrangement les imaginati
par ses expériences d'hypnotisme, cet homme, dis-je, a
gulièrement favorisé le développement de cet engouem
que nous pourrions appeler *égyptianisme* (3).

Cette idée s'est accrue avec l'engouement de l'époq
alors que l'état de la science ne permettait pas de contr
les hypothèses émises. Aujourd'hui, nous devons l'ab
donner complètement.

« L'Egypte a cela de commun avec la Franc-Maçonn
que, comme elle, elle a toujours été à la recherche de
vérité » nous a très bien dit M. Guieysse ; comme c
pouvons-nous ajouter, elle a conçu admirablement les d
idées d'Egalité et de Justice. Et les lois primitives, toujo
inspirées de ces deux idées, étaient attribuées à un die

---

(1) *Vie de Cagliostro*, préface. Paris, 1791.
(2) *Vie de Cagliostro*.
(3) Conférence de M. Amable.

Thot, le dieu de l'intelligence, tant il semblait impossible à ce peuple vivant en réalité sous le despotisme le plus absolu, qu'un mortel pût les concevoir !

En résumé, nous avons vu que les associations secrètes n'ont pas existé en Égypte, que si nous trouvons des associations de ce genre autour de divinités égyptiennes, c'est en Grèce et à Rome.

J'ai essayé de montrer que les seuls documents relatifs aux prétendus mystères égyptiens sont de source grecque ou romaine. Or, si les auteurs anciens ont pu croire que l'écriture hiéroglyphique était un ensemble de signes mystérieux, ils ont pu faire une erreur analogue en nous parlant des mystères et des associations secrètes de l'Égypte.

Rien n'autorise donc à faire remonter si haut l'origine de la Franc-Maçonnerie.

Elle doit renoncer à ces origines reculées. La Maçonnerie n'en est pas et n'en restera pas moins une institution forte et puissante par elle-même.

Fière de ses ancêtres, parmi lesquels elle compte tant de noms glorieux; fière surtout de la Révolution française, pour laquelle elle a si largement contribué; fière aussi d'avoir donné à la France sa devise sublime : Liberté, Égalité, Fraternité.

C'était assez pour sa gloire.

NOTE

—

Le Musée du Louvre possède une statuette d'un grau
prêtre de Memphis (A 60) qui semblerait donner tort
notre thèse. Voici une partie du texte dont j'extrais la tr
duction du « Dictionnaire d'archéologie égyptienne »
M. Pierret :

« Il connaissait les dispositions de la terre et de l'enfe
d'Héliopolis et de Memphis; il avait pénétré les mystèr
de tout sanctuaire; il n'était rien qui lui fût caché; il ad
rait Dieu et le glorifiait dans ses desseins; il couvrait d'
voile le flanc de tout ce qu'il avait vu. » Ce texte serait d
cisif s'il n'était pas si vague et si obscur, et le sens que l
Egyptiens ont voulu lui donner n'est peut-être pas cel
que nous lui donnons nous, avec nos idées modernes
avec notre imagination, involontairement trop prompte
servir des idées préconçues.

Paris. — Imprimerie Nouvelle (assoc ouvr), 11, rue Cadet. — R. Barré, dir. — 58-9

Les mystères égyptiens et les associations secrètes / par
Adolphe Cattaui

http://gallica.bnf.fr/ark:/12148/bpt6k5805607f